U0503516

山栖越魂

柴岭山土墩墓考古发掘成果展

编委会

委　　员：施加农　赵荣伟　徐大钧

　　　　　杨国梅　毛剑勇　崔太金

　　　　　张学惠　陈　伟　马翠兰

　　　　　包慧林　夏建林　王　萍

　　　　　吕美巧

主　　编：施加农

副　主　编：杨国梅

执行主编：崔太金

撰　　稿：崔太金　杨国梅　杨金东

摄　　影：蒋　巍　杨金东　王兴海

山栖越魂

柴岭山土墩墓考古发掘成果展

萧山博物馆　编著

文物出版社

版式设计：张习广　谈冰玉
封面设计：张习广
责任印制：张道奇
责任编辑：谷艳雪

图书在版编目（CIP）数据

山栖越魂：柴岭山土墩墓考古发掘成果展 / 萧山博物馆
编著. — 北京：文物出版社，2013.5
　　ISBN 978-7-5010-3721-6

　　Ⅰ.①山…　Ⅱ.①萧…　Ⅲ.①墓葬（考古）—考古发掘
—杭州市—图录　Ⅳ.①K878.82

　　中国版本图书馆CIP数据核字（2013）第105149号

山栖越魂——柴岭山土墩墓考古发掘成果展
萧山博物馆　编著

文物出版社出版发行
（北京东直门内北小街2号楼　　100007）
http://www.wenwu.com
E-mail:web@wenwu.com
北京盛天行健艺术印刷有限公司印刷
新华书店经销
开本：889×1194　1/16　印张：7
2013年5月第1版　2013年5月第1次印刷
ISBN 978-7-5010-3721-6
定价：130.00元

目　录

墓地远景（西北—东南）

序

　　柴岭山、蜈蚣山均属西山山脉，位于湘湖之滨，北眺越王城，西枕跨湖桥，山脉向东延伸即为萧山城区。虽然海拔仅200多米，却因秀丽的湘湖衬托而显得巍峨，在湘湖的秀美中映现出雄伟。西山，因其山体位于萧山城西，故名。春秋吴越争霸时，越王句践栖兵于西山，"四顾萧然"，西山因此又得名"萧然山"。唐时遂为县名——萧山，沿用至今。此山人文之深厚，由此可见一斑。

在湘湖区域，商周时期遗存屡有发现。1989年，长河塘子堰村（今属杭州市滨江区）的村民在山上挖土，发现了一座西周时期土墩，出土了西周时期原始瓷器70件。这是当时萧山境内乃至周边地区发现的时代最早的原始瓷器，引起了考古界与古陶瓷界的关注。1991年初，塘子堰村山林队在山上施工时发现了一座战国时期的土墩墓，出土了20余件印纹硬陶与原始瓷器，其中的一件原始瓷罐被国家文物局专家组定为一级文物。这两次发现，绝非偶然，预示着湘湖一带可能是商周时期墓葬的密集区，这为后来的商周墓葬调查与研究提供了重要的线索。1991年初冬，杭州市文物考古所唐俊杰先生与萧山文物管理委员会办公室（萧山博物馆前身）王屹峰先生一起在湘湖区域作了商周土墩墓埋藏情况的专题调查，足迹踏遍湘湖周边包括长河、浦沿（今属滨江区）的山体，果然发现了丰富的商周墓葬遗存。这些遗存后与省级重点文物保护单位越王城遗址一起被列入杭州市地下文物重点保护区。2002年起，为了寻找跨湖桥类型的遗址，浙江省文物考古研究所与萧山博物馆在城山南麓调查时发现了春秋战国时期的遗址。因湘湖重建工程紧迫，当时的区领导决定不进行考古发掘，实行覆盖保护。未几，又在闻堰、

义桥等地发现了一些春秋战国时期的遗存。最近，杭州市文物考古研究所与萧山博物馆正在湘湖边的闻堰镇老虎洞村联合进行的抢救性考古发掘中，也发现了西周至战国时期的遗址。当地民间传说越王句践曾在村里的老虎洞"卧薪尝胆"，虽说传说不足采信，但该遗址的发现应该还是具有特殊意味的。

这一系列的考古发现表明，柴岭山、蜈蚣山的周围蕴藏着极其丰富的古越文化遗存，对古越文化的研究具有十分重要的意义。而这些遗存中，最重要的莫过于跨湖桥遗址和越王城遗址了。跨湖桥遗址展示给世人的是，这里不仅仅有着8000年的文明史，也是古越文化重要的源头。越王城遗址濒临当时的钱塘江，隔江与吴国相望，是古越国的前哨，与文献上所说的"固陵城"相吻合。由于地理位置的特殊性，湘湖区域应该是吴越两国征战时期越国的战略要地，著名的"馈鱼退兵"的故事就发生在这里。因此，毫无疑问，湘湖区域是古越文化重要的分布区域。所以，在柴岭山发现众多的商周墓葬也是在情理之中了。

柴岭山的考古发掘缘起于不法分子的盗掘。在萧山博物馆的密切配合和省文物鉴定委员会领导与专家的大力支持下，萧山公安部门很快破获了这起严重的盗墓案，并追回出土文物47件。在此同时，杭州市文物考古研究所与萧山博物馆联合组队，立即进行了抢救性考古发掘。

发掘从2011年3月底开始，历时15个月。共发掘了37座土墩，发现59座墓葬，出土文物922件，取得了极为丰硕的成果，为浙江乃至整个中国南方地区土墩墓的年代序列研究提供了珍贵的实物依据。特殊的葬制葬俗的发现，丰富了土墩墓的内涵，对深入研究与探讨南方地区商周时期的葬俗具有重大意义。

在这中国第八个文化遗产日来临之际，我们将这一考古成果简编成书，并举办展览，与广大观众共享考古成果，欣赏萧山古越文化之精彩。

萧山博物馆馆长 施加农

癸巳春于北干山南麓

收缴文物

前　言

　　长期以来，我国奉行"保护为主、抢救第一、合理利用、加强管理"的文物保护方针，以科研为目的的主动性发掘非常少，主要是配合基本建设工程或因盗墓等特殊原因而做的抢救性发掘。萧山柴岭山土墩墓群的考古发掘，也正是源于盗墓分子的疯狂盗掘而做的保护性发掘，却由此叩开了一座座沉睡千年的墓门，使后人有幸目睹先人留下的杰作。

　　2011 年 3 月 24 日下午，萧山博物馆接到湘湖管委会山林队举报称湘湖景区蜈蚣山上有人盗墓，在向上级文物部门报告后，立即派员与区执法大队工作人员赶至蜈蚣山下。由于天色已晚，此时已不宜再爬到山顶现场。山林队工作人员带回在山上捡回的盗墓贼仓皇逃窜留下的两袋瓷片及衣物、现金，并将这些证物移交当地派出所。

　　翌日上午，博物馆业务人员在山林队工作人员的带领下，披荆斩棘开辟山路，踏勘了盗墓现场。现场墓葬被盗的状况可用"惨不忍睹"来形容。在多个小山头，一共发现了 20 余处盗坑，均采用自上而下的开放式盗掘，这对地下文物来说可谓灭顶之灾。我们随即联系了杭州市文物考古研究所进行现场踏勘。为切实保护好地下文物，使其免遭进一步破坏，两家单位当即决定马上开展抢救性考古发掘。

　　3 月 31 日，杭州市文物考古研究所与萧山博物馆成立联合考古队，开始对蜈蚣山、柴岭山土墩墓群进行抢救性考古发掘。发掘进行得异常艰辛，由于墓群都在山脊、山顶，考古队员和工人们为省出时间来发掘，每天中午都是在山上吃盒饭。感谢区财政局在当年 9 月为我们解决了发掘经费的问题，使得发掘工作得以顺利进行。

　　发掘工作一直持续到第二年的 6 月 15 日，成果相当丰富。此次发掘共清理了 37 个土墩，发现 59 座墓葬、8 个器物群、1 座窑址和 1 个灶。墓葬和器物

盗掘现场

D30M1墓室全景

D30M1墓室南部西侧情况（西北—东南）

D30M1南侧情况（南—北）

D30M1墓室南部西侧横置木（西—东）

群内出土器物867件（组），封土、填土和扰土中出土器物55件。墓地沿用时间长，从商代中晚期沿用至战国初期，中间无缺环。商代土墩墓的发现对研究土墩墓的起源具有重要意义，墓内出土的原始瓷器和印纹硬陶器对二者的起源和器物形制演变的研究意义重大。墓地中发现的大型"人"字形石床木室墓（30号墩1号墓，以下简称D30M1）和大型亚腰形石室墓（36号墩1号墓，以下简称D36M1）为探讨越地贵族墓的丧葬习俗、埋葬制度提供了十分重要的资料。

D30M1的墓室结构为两面坡"人"字形木室，从保存较好的南部观察：枋木顶端平直，部分枋木截面形态尚十分明显，相互支撑构成墓室顶部，底端经过斜削直接与墓底紧密相贴，东西两壁的枋木均为双层结构，内层枋木未见明显的加工痕迹，其截面形态均为弧形的原木原生态，可能直接利用原木搭建，西壁中北部的外层枋木可见明显的加工痕迹，四面均加工的极为平整方正，截面形态呈长方形，枋木之间连接紧密，相邻枋木紧密相贴，严丝合缝，木室底及上部铺树皮。D30M1在墓底石床之上平铺一层厚10~25厘米的白膏泥，将石床小石块间的缝隙填满。白膏泥铺设范围比石床范围大，整体盖住

D36M1北侧视图（北—南）

石床，并向外延伸。

　　两面坡"人"字形结构的墓葬最早见于绍兴印山越王陵，之后，考古工作者先后发现可能属于两面坡式结构的墓葬，如东阳前山越国贵族墓、安吉龙山越国贵族墓、句容及金坛市周代土墩墓、句容东边山 D2M1、句容寨花头 D2 等，两面坡结构的墓葬是越地贵族使用的葬俗。印山越王陵是越王允常的"木客大冢"，时代为春秋末期，东阳前山墓的时代为春秋末期，安吉龙山墓的年代为战国初期，而 D30M1 的年代为西周晚期，是已知材料中年代最早的两面坡"人"字形结构墓。

　　无论是两面坡"人"字形双层结构的木室、白膏泥的使用、木室顶部铺设树皮以便防水的设施，还是经过夯筑分层明显的高大封土，印山越王陵埋葬制度的许多内涵都可以从 D30M1 中找出其线索。值得注意的是，D30M1 南部墓底还发现开凿基岩的现象，这或许是墓葬向地表以下开挖墓坑最原始形态的表现。

　　D36M1 是一座大型石室土墩墓，时代为西周晚期，其所在土墩平面略呈长圆形，长径 35.5、短径 23.56 米，高约 3.75 米，石室由墓道、门框、墓室、挡土墙、护坡和盖顶石组成，整体呈长方形，长 23.1、顶部宽 7、底部宽 8.1 米，高 2.5 米。墓葬内平面呈亚腰形，由墓道、门框、墓室三部分组成。墓底为经过修平的整块基岩，墓底中东部平铺一层厚 8~12 厘米的青膏泥。D36M1 在已经发掘的石室土墩墓中属于规模巨大的墓葬，仅次于常熟虞山西岭 D1。值得注意的是 D36M1 墓室底部铺设的青膏泥，具有明显的防潮功能。在以往的石室土墩墓资料中，这种葬俗十分鲜见。

本次考古发掘出土文物丰富，有原始瓷器、印纹硬陶器、硬陶器、泥质陶器、夹砂陶器、青铜器、玉器和石器等，其中以原始瓷的数量为最多，其次是印纹硬陶。

2013 年 3 月 15 日，该发掘项目经过网上公众投票和专家初评，从全国 43 个候选发掘项目中脱颖而出，进入"2012 年度全国十大考古新发现"终评名单。这是继跨湖桥遗址考古发掘项目入选"2011 年度全国十大考古新发现"后，萧山考古史上又一重大突破。

今年 6 月 8 日是我国第八个文化遗产日，主题是"文化遗产与全面小康"。文化遗产是社会发展、文明进步的物化载体。保护利用好文化遗产，建设优秀传统文化传承体系，弘扬中华优秀传统文化，让人民享有健康丰富的精神文化生活，是全面建成小康社会的重要内容和必然要求。举办此次考古发掘成果展，就是要及时向社会大众展示考古成果，使人民群众共享文化盛宴。同时也想借此展览提醒广大观众：文化遗产就在我们身边，保护文物，人人有责。

印纹硬陶坛

原始瓷盉

印纹硬陶，又称几何印纹硬陶，是商周时期流行于长江中下游和东南沿海一带的一种质地坚硬、表面拍印几何花纹的陶器。它选用质地较纯、含铁量较高的黏土做原料，烧成温度在1100℃左右，叩之声音清脆，吸水率比一般陶器低，器表呈灰、褐和灰褐色等。

此次发掘出土的印纹硬陶器形主要有鼎、尊、瓮、罍（léi）、坛、罐、瓿（bù）等，纹饰有云雷纹、回纹、折线纹、叶脉纹、方格纹、弦纹叠套复线菱形纹、米筛纹、大方格填线纹、米字纹和麻布纹等。

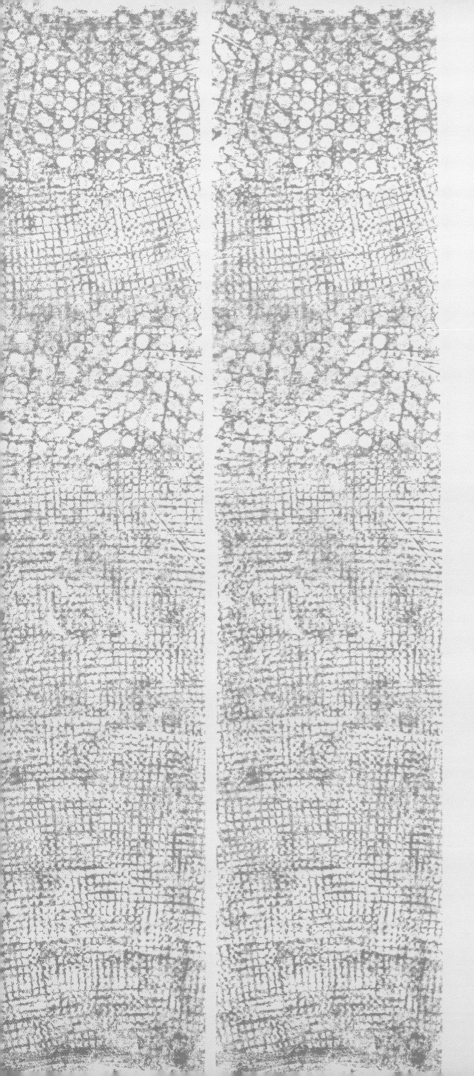

印纹硬陶

1 | 印纹硬陶罐

商代中晚期　盛储器

高22.8、口径14.8、腹径22.8厘米

22号墩1号墓出土

2 | 印纹硬陶尊

商代中晚期　盛储器

高35、口径20.6、腹径31.4、足径17.8厘米

22号墩1号墓出土

3 | 印纹硬陶罍

西周早期 盛储器
高17.6、口径11.6、腹径21.5厘米
20号墩1号墓出土

4 | 印纹硬陶罍

西周早期　盛储器
高22.3、口径15、腹径29.7厘米
20号墩1号墓出土

5 | 印纹硬陶瓿

西周早期　盛储器

高10、口径12.2、腹径18.7、底径14.8厘米

20号墩1号墓出土

6 | 印纹硬陶瓿

西周早期　盛储器

高13.7、口径14.6、腹径28.7、底径15.5厘米

11号墩1号墓出土

7 | **印纹硬陶瓿**

西周早期　盛储器

高12.6、口径16.5、腹径22.1、底径18.5厘米

17号墩4号墓出土

8 | **印纹硬陶瓿**

西周早期　盛储器

高9.6、口径10.8、腹径16.2、底径12.5厘米

20号墩1号墓出土

9　印纹硬陶瓿

西周早期　盛储器

高22.1、口径18.5、腹径30.1、底径21.3厘米

20号墩1号墓出土

10 | 印纹硬陶瓿

西周早期　盛储器

高13.8、口径14.4、腹径21.5、底径13.9厘米

17号墩1号墓出土

11 | 印纹硬陶瓿

西周早期　盛储器

高13.6、口径14.9、腹径22.2、底径15.8厘米

20号墩1号墓出土

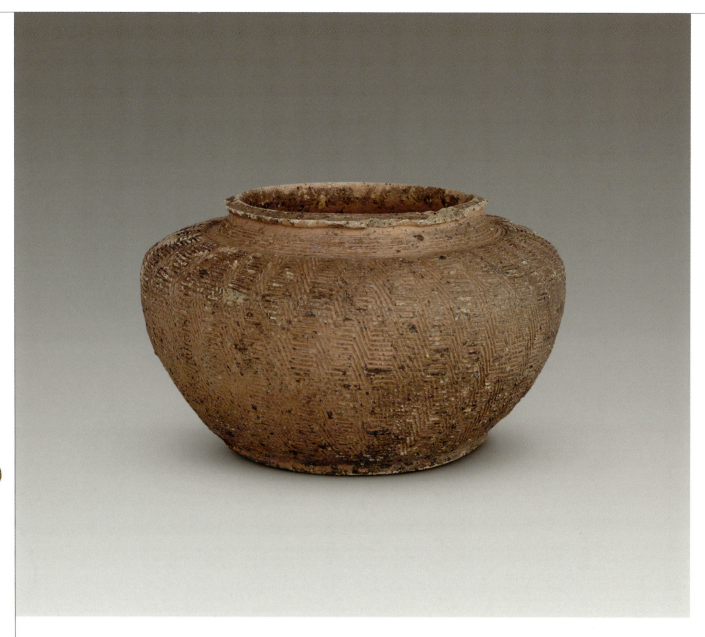

12 | **印纹硬陶瓿**

西周早期　盛储器

高12.4、口径13.3、腹径21.6、底径14.9厘米

18号墩1号墓出土

13 | **印纹硬陶罐**

西周早期　盛储器

高13.3、口径10.9、腹径15.7厘米

20号墩1号墓出土

14 印纹硬陶坛

西周早期 *盛储器*

高23.8、口径15.1、腹径25.7、底径19.2厘米

21号墩1号墓出土

15 印纹硬陶坛

西周中期　盛储器
高26.1、口径14.5、腹径26.7、底径19.4厘米
13号墩1号墓出土

16 印纹硬陶罐

西周中期 盛储器
高15.6、口径9、腹径21、底径14.6厘米
15号墩1号墓出土

17 │ 印纹硬陶罐

西周中期　盛储器
高24.9、口径15.4、腹径28、底径19.2厘米
20号墩2号墓出土

18 │ **印纹硬陶瓿**

西周中期　盛储器
高12.1、口径13.4、腹径20.2、底径15.9厘米
6号墩1号墓出土

19 │ **印纹硬陶瓿**

西周中期　盛储器
高9.5、口径9.4、腹径16.3、底径12.3厘米
15号墩1号墓出土

20 | 印纹硬陶瓿

西周中期　盛储器

高13.4、口径13.7、腹径20.2、底径14.4厘米

13号墩1号墓出土

21 印纹硬陶瓮

西周中期　盛储器

高23.8、口径18、腹径30、底径19.6厘米

20号墩1号墓出土

22 | 印纹硬陶瓮

西周中期　盛储器

高28.5、口径19.5、腹径32.1、底径20.8厘米

15号墩1号墓出土

23 | **印纹硬陶罐**

西周晚期　盛储器

高16.9、口径15.2、腹径23.8、底径15.1厘米

9号墩1号墓出土

24 | **印纹硬陶罐**

西周晚期　盛储器

高8.2、口径9.3、腹径16.7、底径10.3厘米

9号墩1号墓出土

25 │ 印纹硬陶瓿

西周晚期 盛储器
高11、口径12.9、腹径21、底径15.2厘米
2号墩1号墓出土

26 │ 印纹硬陶瓿

西周晚期 盛储器
高14、口径14.6、腹径19.2、底径14.6厘米
31号墩1号墓出土

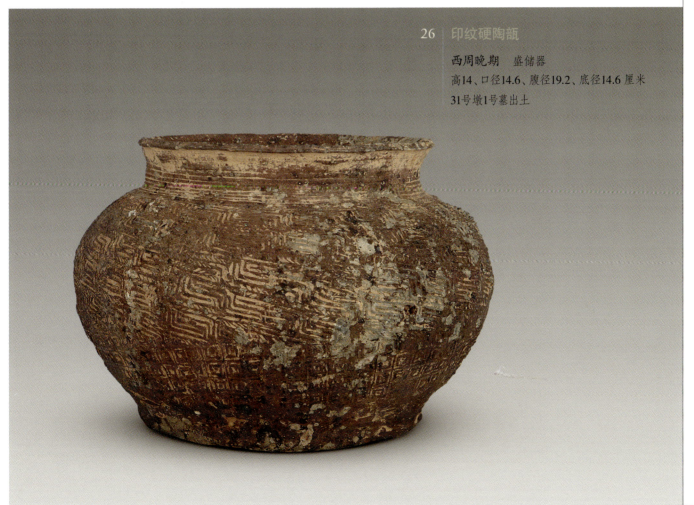

27 印纹硬陶瓮

西周晚期 盛储器

高24.9、口径14.7、腹径28.7、底径20.2厘米

9号墩1号墓出土

28 | **印纹硬陶瓮**

春秋早期　盛储器
高24、口径18.7、腹径31.2、底径20.3厘米
30号墩2号器物群出土

29 | 印纹硬陶坛

春秋中期　盛储器
高38、口径17.3、腹径33.8、底径19厘米
16号墩2号墓出土

30 | 印纹硬陶鼎

春秋中期 盛储器

高6.8、口径13、腹径18.5、底径13.8厘米

29号墩1号墓出土

31 | 印纹硬陶罐

春秋中期 盛储器
高11.8、口径9.4、腹径15、底径10.8厘米
30号墩1号器物群出土

32 | 印纹硬陶罐

春秋中期　盛储器
高7.3、口径7.7、腹径12.6、底径9厘米
29号墩1号墓出土

33 | 印纹硬陶罐

春秋中期　盛储器
高11.9、口径7.2、腹径14.9、底径10.1厘米
29号墩1号墓出土

34 | 印纹硬陶坛

春秋晚期　盛储器

高37.8、口径20.8、腹径33.5、底径19.8厘米

37号墩4号墓出土

35 | 印纹硬陶罐

春秋晚期 盛储器

高10、口径9.5、腹径16.8、底径11.7厘米

37号墩4号墓出土

36 | 印纹硬陶罐

春秋末战国初 盛储器

高10.7、口径9.8、腹径15.4、底径11.2厘米

28号墩1号墓出土

37 | 印纹硬陶罐
春秋末战国初　盛储器
高8.6、口径10.2、底径8.5厘米
27号墩1号墓出土

38 | 印纹硬陶罐
春秋末战国初　盛储器
高11.5、口径11.5、腹径16.9、底径9.3厘米
27号墩1号墓出土

39 | 印纹硬陶坛

春秋末战国初　盛储器

高44.4、口径23.4、腹径36、底径17.8厘米

27号墩1号墓出土

原始瓷，也叫原始青瓷，是在烧制印纹硬陶的基础上产生发展的，是瓷器初始阶段的一种产品。它用瓷土做坯料，烧成温度在1100℃~1300℃左右，吸水率远远低于陶器，器表施玻璃质釉，釉厚薄不匀，呈青绿、青黄、褐色等，制作工艺较成熟瓷器相对原始。

　　此次发掘出土的原始瓷器形主要有尊、盉（hé）、簋（guǐ）、罐、豆、盂、碗、钵、盘、碟、杯、盅、器盖等，纹饰有弦纹、旋纹、波浪纹、戳印纹等，器表或贴塑"S"纹等，部分器底刻划有符号。

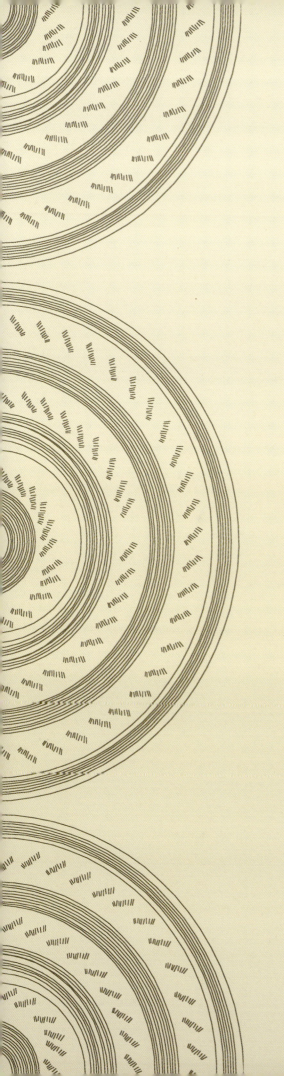
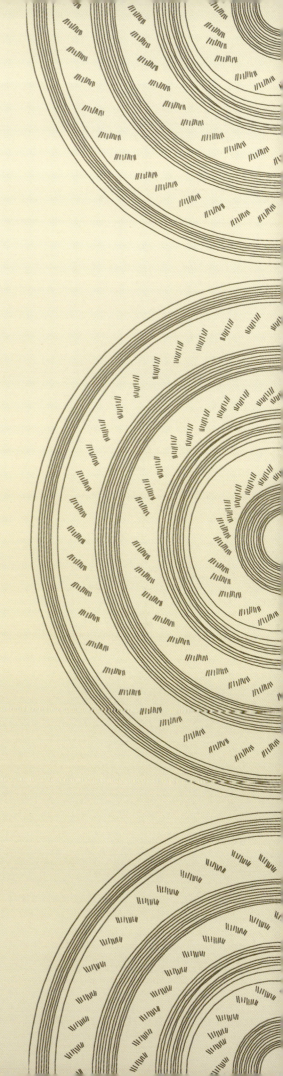

原始瓷

40 | **原始瓷豆**

商代中晚期 饮食器

高7.9、口径13.9、足径7.3厘米

22号墩1号墓出土

41 | **原始瓷盨**

西周早期　饮食器

高6.8、口径17.1、足径11.1厘米

11号墩1号墓出土

42 | **原始瓷盨**

西周早期　饮食器

高7.4、口径15、足径10.2厘米

18号墩1号墓出土

43 | 原始瓷豆

西周早期 饮食器
高7.8、口径14.6、足径7.5厘米
20号墩1号墓出土

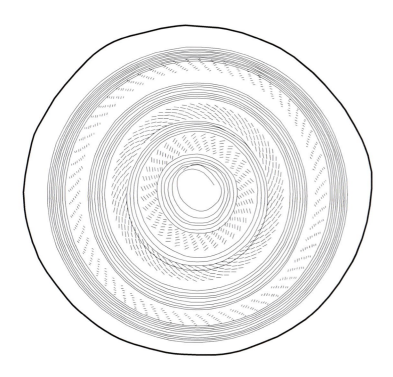

44 | **原始瓷豆**

西周早期　饮食器
高7.6、口径14.6、足径8.2厘米
21号墩1号墓出土

45 | **原始瓷豆**

西周早期　饮食器

高8.1、口径14.7、足径7.3厘米

11号墩1号墓出土

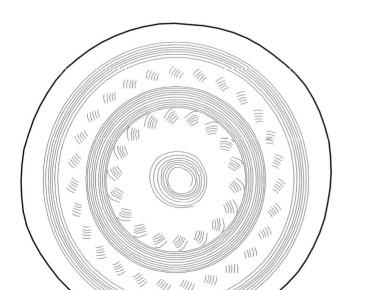

46 | **原始瓷豆**

西周早期　饮食器

高7、口径15.6、足径8.1厘米

17号墩4号墓出土

47 | 原始瓷豆

西周早期 饮食器

高7.9、口径15.4、足径7.3厘米

18号墩1号墓出土

48 | **原始瓷豆**

西周早期 饮食器
高6.7、口径14.2、足径7.6厘米
24号墩1号墓出土

49　原始瓷豆

西周早期　饮食器
高9.7、口径23.4、足径10.6厘米
23号墩1号墓出土

50 | **原始瓷豆**

西周中期　饮食器

高3.7、口径8.5、足径4.1厘米

20号墩2号墓出土

51 | **原始瓷豆**

西周中期　饮食器

高4.3、口径6.7、足径3.8厘米

20号墩2号墓出土

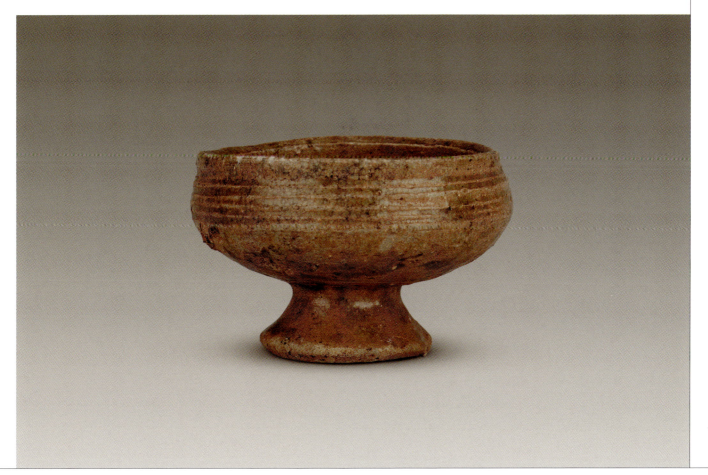

52 | **原始瓷盂**

西周中期　饮食器
高5.6、口径8.9、足径5.7厘米
20号墩2号墓出土

53 | **原始瓷钵**

西周中期　饮食器
高2.5、口径5.8、足径4.2厘米
13号墩1号墓出土

54 | **原始瓷碟**

西周中期　饮食器

高2.3、口径9.2、足径4.9厘米

7号墩1号墓出土

55 | **原始瓷罐**

西周中期　盛储器

高23.8、口径17.9、腹径29.4、底径10.6厘米

23号墩1号墓出土

56 | **原始瓷罐**

西周中期 盛储器

高7.8、口径9.3、足径8.5厘米

15号墩1号墓出土

57 原始瓷罐

西周中期　盛储器

高5.1、口径4.3、腹径7.2、底径4.7厘米

20号墩2号墓出土

58 **原始瓷罐**

西周中期　盛储器
高16.2、口径16.9、底径11.4厘米
8号墩1号墓出土

59 | 原始瓷簋

西周中期 饮食器
高6.8、口径12.9、足径10.4厘米
13号墩1号墓出土
[四图为同一器物]

60 **原始瓷豆**

西周晚期　饮食器

高4.3、口径9.6、足径5.1厘米

9号墩1号墓出土

61 | **原始瓷豆**

西周晚期　饮食器
高3.6、口径9.3、足径5.4厘米
37号墩1号墓出土

62 | 原始瓷豆

西周晚期 饮食器

高4.3、口径10.3、足径6.8厘米

37号墩1号墓出土

63 | 原始瓷豆

西周晚期　饮食器
高5.6、口径13.6、足径8厘米
26号墩1号墓出土

64 | 原始瓷豆

西周晚期　饮食器
高6.9、口径17.5、足径10.7厘米
35号墩1号墓出土

65 原始瓷豆

西周晚期　饮食器
高6、口径18.5、足径10.5厘米
31号墩1号墓出土

66 | **原始瓷盂**

西周晚期　饮食器

高7.2、口径14.1、腹径16.8、底径10.1厘米

9号墩1号墓出土

67 | **原始瓷盂**

西周晚期　饮食器

高7.5、口径17.9、腹径21.6、足径14.5厘米

31号墩1号墓出土

68 **原始瓷盂**

西周晚期　饮食器

高3.7、口径10、足径5.6厘米

19号墩3号墓出土

69 **原始瓷盂**

西周晚期　饮食器

高3.2、口径9、足径5厘米

4号墩2号墓出土

70 | **原始瓷盂**

西周晚期 饮食器
高2.7、口径7.6、足径4.9厘米
1号墩3号墓出土

71 | 原始瓷盂

西周晚期 饮食器

高4.1、口径6.7、足径5.2厘米

1号墩1号墓出土

72 | **原始瓷盂**

西周晚期 饮食器

高4.7、口径8.9、足径5.1厘米

17号墩1号器物群出土

73 | 原始瓷盂

西周晚期　饮食器
高5、口径8.9、足径5.7厘米
17号墩3号墓出土

74 | 原始瓷盂

西周晚期　饮食器
高7.2、口径16.2、足径12.3厘米
25号墩1号墓出土

75 | 原始瓷盖盂

西周晚期 饮食器

通高5.4、口径7.8、足径5.9厘米

16号墩1号墓出土

76 | **原始瓷盅**

西周晚期 饮食器

高2.2、口径5.6、底径3.8厘米

34号墩2号墓出土

77 | **原始瓷钵**

西周晚期 饮食器

高4.2、口径7.8、底径4.7厘米

34号墩2号墓出土

78 | **原始瓷碟**

西周晚期　饮食器

高3.3、口径7.9、足径4.1 厘米

35号墩1号墓出土

79 原始瓷盘

西周晚期　饮食器
高5.4、口径20.2、足径10.8厘米
36号墩1号器物群出土

80 | **原始瓷盘**

西周晚期 饮食器

高3.5、口径13.7、足径7.6厘米

31号墩1号墓出土

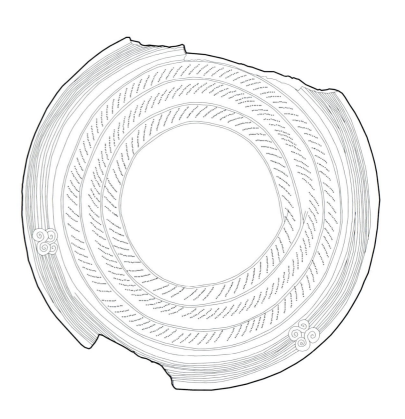

81 | 原始瓷盘

西周晚期　饮食器

高5.6、口径19.6、足径10.6厘米

36号墩1号墓出土

通高9.6、口径9、底径8.4厘米

26号墩1号墓出土

82 | **原始瓷盉**

西周晚期 饮食器

通高9.6、口径9、底径8.4厘米

26号墩1号墓出土

83 | **原始瓷器盖**

西周晚期

高2、口径7.5厘米

31号墩1号墓出土

84 | **原始瓷器盖**

西周晚期

高1.7、口径5.1厘米

31号墩1号墓出土

右页均为D31出土器盖

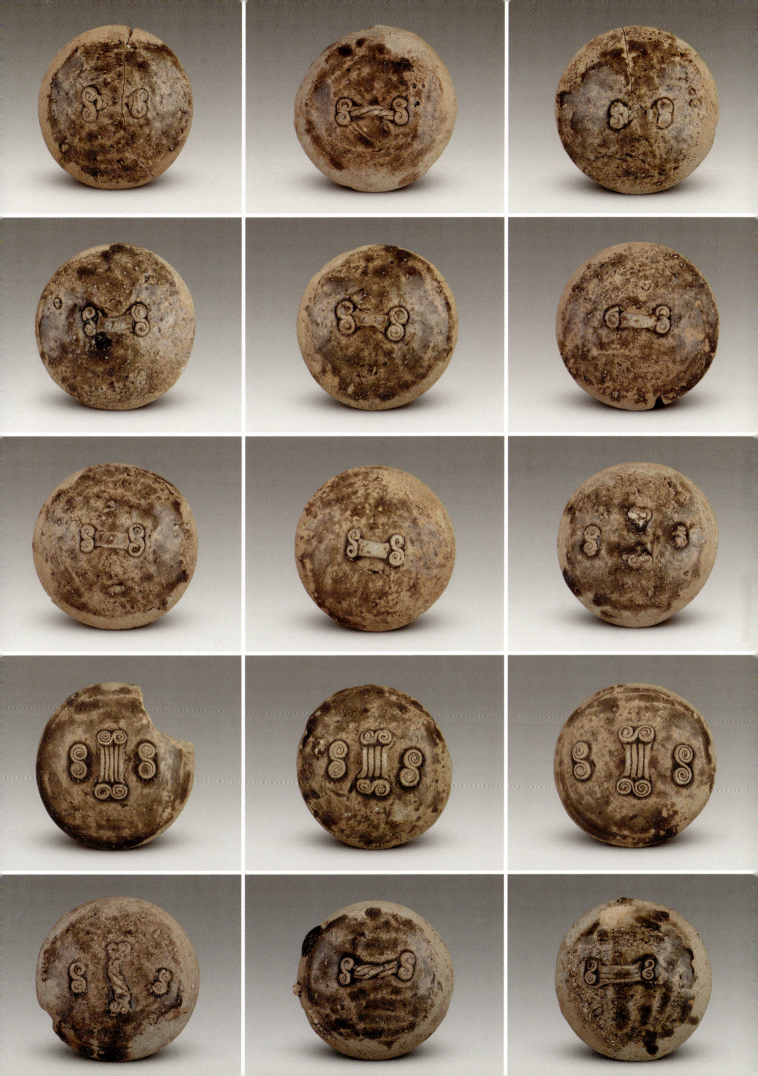

85 | **原始瓷簋**

西周晚期 饮食器
高9、口径15.2、腹径19.1、足径10.5厘米
9号墩1号墓出土

西周

86 **原始瓷罐**

西周晚期 饮食器
高24.1、口径16.4、腹径19.2、底径14 厘米
36号墩1号器物群出土

87 | **原始瓷罐**

西周晚期 饮食器

高43.7、口径30.7、底径12.4厘米

36号墩2号器物群出土

88 | **原始瓷罐**

西周晚期　饮食器

高19.4、口径15.5、腹径28.3、底径13.4厘米

9号墩1号墓出土

89　原始瓷尊

西周晚期　饮食器
高8.9、口径10.2、足径7.1厘米
1号墩2号墓出土

90 | **原始瓷碗**

春秋早期 饮食器

高4.4、口径11.2、底径5.8厘米

30号墩2号器物群出土

91 | 原始瓷尊

春秋早期 饮食器
高7.2、口径9.1、足径5.2厘米
31号墩1号器物群出土

92 | **原始瓷盂**

春秋中期　饮食器

高3.2、口径11.1、底径7.1厘米

29号墩1号墓出土

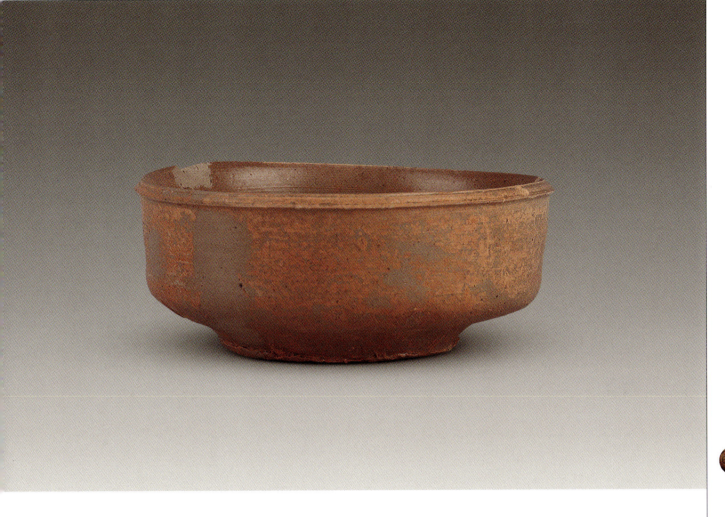

93 | **原始瓷碗**

春秋中期　饮食器

高4.3、口径10.8、足径6.3厘米

16号墩2号墓出土

94 | **原始瓷碗**

春秋中期 饮食器
高6.2、口径13.2、底径8.7厘米
19号墩2号墓出土

95 | **原始瓷碗**

春秋中期 饮食器
高4、口径13.1、底径7.7厘米
34号墩1号墓出土

96 原始瓷杯

春秋中期 饮食器
高3.4、口径8.8、底径5厘米
4号墩1号墓出土

97 | **原始瓷盅**

春秋中期　饮食器

高3.4、口径7.3、足径6.3厘米

19号墩1号墓出土

98 | **原始瓷盅**

春秋中期　饮食器

高3.7、口径8、底径5.5厘米

19号墩2号墓出土

99 | **原始瓷钵**

春秋中期　饮食器

高3.2、口径9.6、底径5.8厘米

19号墩1号墓出土

100 　原始瓷碟

春秋中期　饮食器
高3.3、口径9.2、足径5.5厘米
19号墩1号墓出土

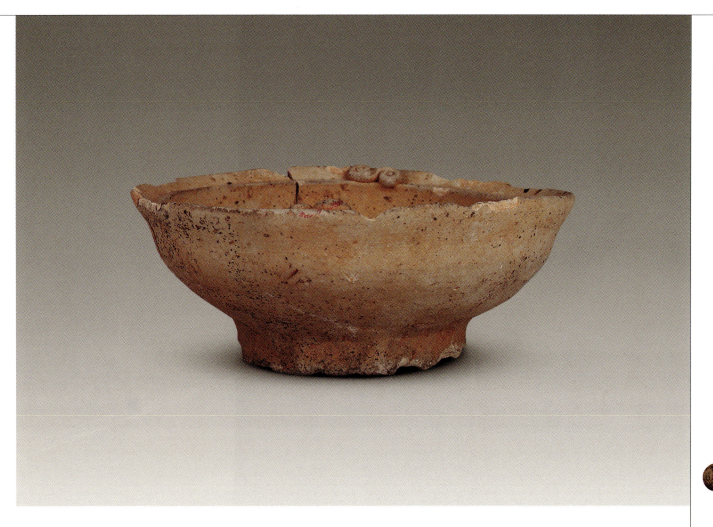

101 **原始瓷盘**

春秋中期　饮食器

高4.1、口径10.5、足径5.7厘米

34号墩1号墓出土

102 | **原始瓷盘**

春秋中期　饮食器
高2.5、口径11.3、底径6.8厘米
34号墩1号墓出土

103 | **原始瓷盘**

春秋中期　饮食器
高3.6、口径14.4、底径6.3厘米
4号墩1号墓出土

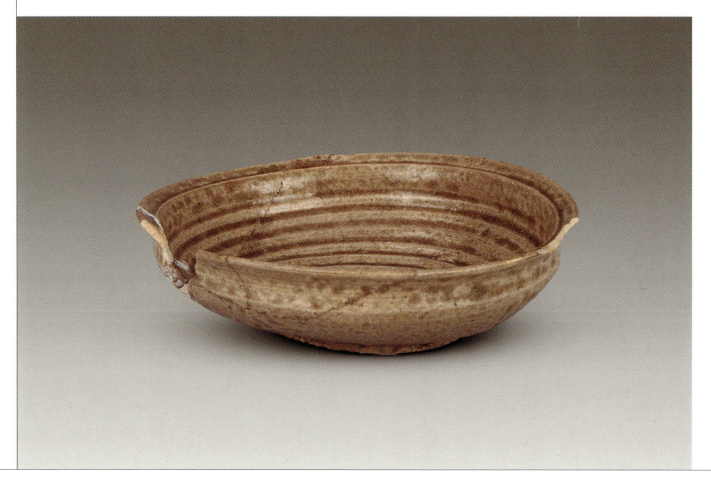

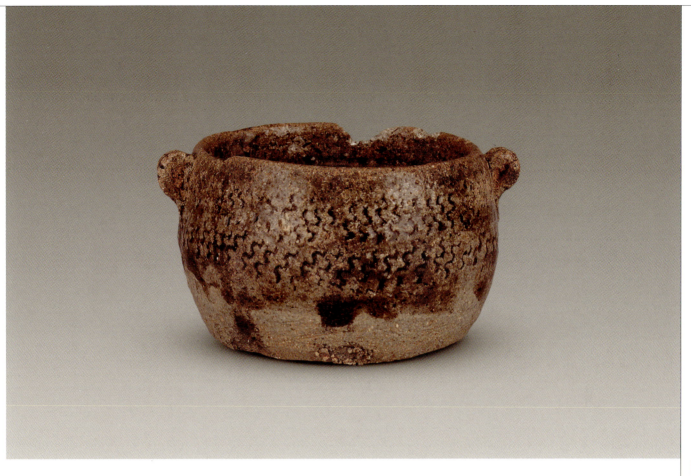

104 | **原始瓷罐**

春秋中期　饮食器

高3.7、口径5.3、底径5.2厘米

4号墩1号墓出土

105 | **原始瓷器盖**

春秋中期

高1.7、口径7.9厘米

19号墩2号墓出土

106 | **原始瓷碗**

春秋晚期　饮食器
高5.2、口径9.4、底径4.9厘米
1号墩1号墓出土

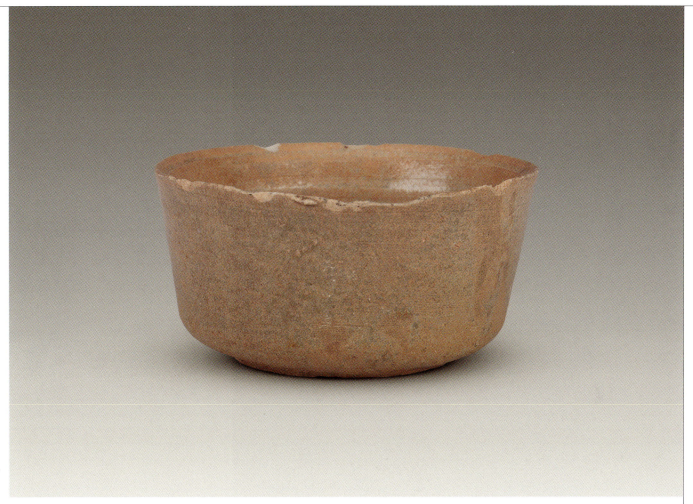

107 | **原始瓷碗**

春秋中期 饮食器

高5.2、口径10.5、底径6.2厘米

1号墩3号墓出土

108 | **原始瓷钵**

春秋晚期　饮食器
高4.9、口径7.3、腹径8.4、底径5.6厘米
4号墩3号墓出土

109 | **原始瓷盘**

春秋晚期　饮食器
高3.7、口径12.5、底径6.5厘米
1号墩3号墓出土

110 | **原始瓷碗**

春秋末战国初 饮食器
高4.6、口径11.2、底径5.4厘米
27号墩1号墓出土

111 | **原始瓷杯**

春秋末战国初 饮食器
高5.3、口径7、底径4.8厘米
28号墩1号墓出土

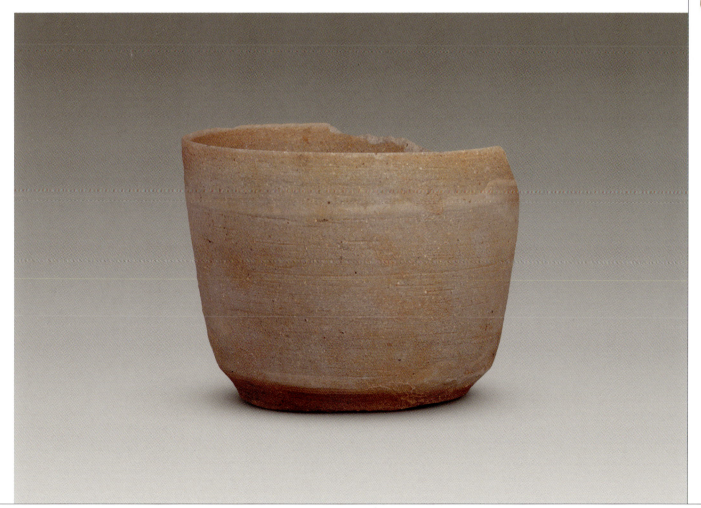

后 记

考古工作，让人感觉神秘而又遥远。考古工作者肩负着与古人对话、还原历史真相的使命，他们自觉追寻和保护着祖先留下的遗迹，辛勤地探索和捍卫人类的文明。在他们不懈的努力下，经过艰苦的野外勘探、发掘，加之后期精心地整理、研究，形成考古报告和论文，让一个个埋藏于地下的文化遗存重见天日。其实，这些就发生在我们的身边。

"萧山柴岭山、蜈蚣山商周土墩墓群"发掘项目入围2012年"全国十大考古新发现"的终评，不仅是对本次考古工作的肯定与激励，更是对土墩墓群本身价值的认可。青山长眠古越魂，拂去千年的尘土，近千件出土文物真实地展现在我们眼前，或古拙，或精致，或大气，留给后人无限的遐想，在令我们赞叹古人聪明智慧的同时，再一次见证了萧山是中国瓷器的发源地之一。

从文物安全的角度出发，考古工作大多是默默地进行的。如何加强文物调查发掘成果的传播效果，引导公众对文物历史价值的认识，唤醒公众的文物保护意识，是我们一直思考的问题。值此第八个文化遗产日来临之际，利用博物馆的平台，对考古成果进行实物展示不失为一种直接的手段。然而，专业的考古报告和专题论文对于普通读者来说过于深奥、太过专业，因此结合考古成果展览编写一本通俗易懂的图录向公众介绍本次考古发掘的成果，显得十分必要，这也成为我们编写此书的初衷和目的。

需要说明的是，由于犯罪分子的猖狂盗掘，加之墓葬年代久远、外围环境变化等诸多因素，出土器物破损在所难免。我们根据器物年代、类型，精心挑选了百余件纹饰、造型各不相同的印纹硬陶、原始瓷器编辑成书，以飨读者。

借此机会，向为考古发掘工作提供过帮助和支持的省市区各级领导、有关部门表示衷心的感谢，向浙江省文物鉴定委员会的专家、杭州市文物考古研究所的同仁们道一声辛苦。

由于编撰人员学识水平有限，整理时间仓促，书中难免出现纰漏和不当之处。敬请专家与广大读者批评指正。